JN116233

ふらんす

仏検4級対策号

仏検4級模擬試験付

白水社

はじめに

　この学習帳はフランス語技能検定試験（仏検）4級をめざす学習者を対象に、初級フランス語の復習ができるようにまとめられています。

　全体は8課で構成され、仏検4級の出題範囲に対応する文法知識を確認し、問題に解答できる力をつけます。練習問題は4級の過去問題に準じたものが用意されています。語彙は4級レベルのものを使用しています。

　Leçon　4級レベルで求められる文法項目がまとめられています。各課の冒頭に、扱う文法項目を取り入れたキーセンテンスが提示され、録音されています。文法規則のポイントを確認し、知識として定着させ、音声で聞き取る力をつけてください。語彙力を補うためにも役立ちます。

　Grammaire　各課で扱う文法項目は4級レベルの範囲で例文が提示され、説明されています。

　Exercices　各課の文法項目に関連する練習問題です。仏検の問題形式を採用していますから、繰り返し練習することで仏検の問題に解答できる力がつきます。

　場面と定形表現　4級レベルの聞き取り問題に対応する定形表現が場面ごとにまとめられています。聞くだけでなく、音読を繰り返すことで会話表現の基礎にしましょう。

　会話文の読解と聞き取り　4級レベルの会話文の読解と聞き取りの練習問題が2組用意されています。

　仏検4級模擬試験　巻末に用意された4級模擬試験は無料で採点し、返却いたします。ご自分の実力診断に役立ててください。

本書に収録の音声は白水社webホームページからダウンロードすることができます。

 https://www.hakusuisha.co.jp/book/b581516.html

ナレーション　Claire RENOUL　Chris BELOUAD
装丁　森デザイン室
イラスト　sayao

目次

Leçon 1　冠詞・前置詞

不定冠詞　定冠詞　部分冠詞　前置詞 (à, de) と定冠詞 (le, les) の縮約形

　不定冠詞、定冠詞、部分冠詞の基本的な用法を理解するとともに、使い分けられるようにしましょう。前置詞 (à, de) と定冠詞 (le, les) の縮約形を例文で確認しておきましょう。🔊001

C'est une belle chanson.　美しい歌です。

C'est le sac de Paul.　これはポールのカバンです。

Tu as de la chance.　君はラッキーだね。

Je n'ai pas de chien.　私はイヌを飼っていません。

Pierre va au bureau.　ピエールは会社に行きます。

Sophie sort du bureau.　ソフィはオフィスから出ます。

Vous venez chez moi ?　君たち、ぼくの家に来る？

Nous habitons ici depuis longtemps.　私たちはここにずっと前から住んでいます。

単 語 と 表 現

aller à ~　　：〜へ行く　　　　à ~　：〜の入った

sortir de ~ : 〜から出る　　　　de ~ : 〜の

G r a m m a i r e

1　不定冠詞　🔊002

　1）不特定のものを表す。

　2）話し手と聞き手の間で周知されていないものを表す。

　　Voici **un** sac.　カバンがある。

　　J'achète **une** robe.　私はドレスを買います。

　　Tu as **des** sœurs ?　君には姉妹がいる？

un	男性名詞単数
une	女性名詞単数
des	複数名詞

2　定冠詞　🔊003

　1）特定されているものを表す。　　2）ひとつしかないものを表す。

　3）ある種類全体を表す。　　　　4）話し手と聞き手の間で周知されているものを表す。

　　C'est **le** vélo de Paul.　これはポールの自転車です。

　　C'est **la** tour Eiffel.　あれはエッフェル塔です。

　　J'aime **les** chats.　私はネコが好きです。

　　Ferme **la** porte.　ドアを閉めなさい。

le	(l')*	男性名詞単数
la	(l')*	女性名詞単数
les		複数名詞
*名詞の語頭が母音、無音の h のとき		

3 部分冠詞 🔊004

1) 液体などの数えられないもののある量を表す。

2) 数えられるひとつのもののある一部分を表す。

3) 性質のようなとくに数えないもののある量を表す。

Tu veux **du** café ? コーヒーいかが？

Je mange **de la** viande. 私は肉を食べる。

Ils ont **du** courage. 彼らは勇気がある。

du	(de l')*	男性名詞
de la	(de l')*	女性名詞
*名詞の語頭が母音、無音のhのとき		

4 否定の冠詞 de 🔊005

<u>直接目的語につく不定冠詞と部分冠詞は否定文で de になります。定冠詞はそのままです。</u>

Nous **n'avons pas de** chat. (Nous avons *un* chat.) 私たちはネコを飼っていない。

Ils **ne** mangent **pas de** légumes. (Ils mangent *des légumes*.) 彼らは野菜を食べない。

Je **n'ai pas de** chance. (J'ai *de la chance*.) ついてないな。

Il **n'y a pas de** pain. (Il y a *du pain*.) パンがない。

＊il y a の構文も名詞につく不定冠詞、部分冠詞は否定文で de になります。

5 前置詞 à / de と定冠詞 le / les の縮約形 🔊006

前置詞 à＋定冠詞 le → au

Je vais **au** cinéma. 私は映画館に行く。

(Je vais ~~à le~~ cinéma.)

前置詞 à＋定冠詞 les → aux

J'achète une tarte **aux** pommes. 私はリンゴの (入った) タルトを1つ買う。

(J'achète une tarte ~~à les~~ pommes.)

前置詞 de＋定冠詞 le → du

Paul sort **du** bureau. ポールはオフィスから出る。

(Paul sort ~~de le~~ bureau.)

前置詞 de＋定冠詞 les → des

C'est la saison **des** pluies. 梅雨 (雨の季節) です。

(C'est la saison ~~de les~~ pluies.)

6 前置詞 🔊007

	時	場所	その他
à	à 18 heures 18時に	à Paris パリで	au lait ミルク入りの à pied 徒歩で
après	après le cours 授業の後に	après le pont 橋の先に	
avant	avant midi 正午までに		
avec			avec toi 君と一緒に
chez		chez moi 私の家で	
dans	dans une heure 1時間後に	dans la classe 教室で	
de		de Paris パリから	de Paris パリの
de A à B	de 7 heures à 8 heures 7時から8時まで	d'ici à la mer ここから海まで	
depuis	depuis un an 1年前から		
derrière		derrière vous あなたの後ろに	
devant		devant toi 君の前に	
en	en une heure 1時間で en octobre 10月に	en France フランスへ	en train 列車で en bois 木でできた
entre A et B	entre midi et 13 heures 正午と13時の間に	entre Paris et Lyon パリとリヨンの間で	
jusqu'à	jusqu'à 5 heures 5時まで	jusqu'à la gare 駅まで	
par		par la fenêtre 窓から	par jour 1日につき
pendant	pendant le voyage 旅行の間に		
pour	pour une semaine 1週間の予定で	pour la France フランスに向けて	pour vous あなたへの pour travailler 働くために
sans			sans sucre 砂糖なしで
sur		sur la table テーブルの上に	
sous		sous le bureau 机の下に	
vers	vers 10 heures 10時頃		

［Ⅰ］ 次の (1)〜(4) の (　　) 内に入れるのにもっとも適切なものを、下の ①〜⑥ のなかから 1 つず
つ選んでください。ただし、同じものを複数回用いることはできません。

(1) Vous voulez (　　) eau ?

(2) Je ne veux pas (　　) viande.

(3) Voilà (　　) maison de monsieur Renoir.

(4) Je vais prendre un gâteau (　　) chocolat.

  ① au   ② de   ③ de l'

  ④ la   ⑤ les   ⑥ un

［Ⅱ］ 次の (1)〜(6) の (　　) 内に入れるのにもっとも適切なものを、それぞれ ①〜③ のなかから 1
つずつ選んでください。

(1) Le restaurant est (　　) votre droite.

  ① dans   ② pour   ③ sur

(2) Qu'est-ce que tu vas faire (　　) les vacances ?

  ① dans   ② en   ③ pendant

(3) Je prends mon café (　　) sucre.

  ① à   ② de   ③ sans

(4) Il va en France (　　) étudier.

  ① à   ② par   ③ pour

(5) Il y a du monde (　　) le magasin.

  ① avant   ② devant   ③ entre

(6) Elle vient au Japon (　　) avion.

  ① avec   ② en   ③ sur

Leçon 2　疑問文

疑問形容詞　疑問代名詞　疑問副詞

　疑問文の聞き取り問題に正しく解答するには、疑問形容詞、疑問代名詞、疑問副詞それぞれの形と意味、音をしっかり習得しておくことです。否定疑問への答え方もポイントです。🔊008

Est-ce que vous travaillez ? — Oui. Je travaille dans un magasin de chaussures.

　働いていますか。 —はい。靴店で働いています。

Tu n'aimes pas le cinéma ? — Si, beaucoup.　映画は好きではないの？　—いいえ、大好きです。

Quel âge avez-vous ? — J'ai 20 ans.　何歳ですか。—20歳です。

Qu'est-ce que tu as ? — J'ai de la fièvre.　どうしたの？　—熱があるの。

Qui cherchez-vous ? — Mon fils.　誰を探していますか。—息子です。

Quand est-ce que vous allez en France ? — Cet été.

　あなたはいつフランスに行きますか。—この夏です。

Tu habites où ? — À Lyon.　君はどこに住んでいるの？　—リヨンよ。

Comment rentrez-vous à la maison ? — En bus.　君たち、どうやって帰宅するの？　—バスで。

Grammaire

1　疑問文と答え方　🔊009

肯定疑問文

　文末のイントネーションを上げる。

　　Vous faites du sport ?　あなたはスポーツをしますか。

　文頭に Est-ce que をつける。　**Est-ce que** vous faites du sport ?

　主語と動詞を倒置する。　　Faites-vous du sport ?

答え方

　　— **Oui**, je fais du sport.　はい、します。　　— **Oui**, souvent.　はい、よく（します）。

　　— **Non**, je **ne** fais **pas** de sport.　いいえ、私はスポーツをしません。

　　— **Non**, pas souvent.　いいえ、あまり（しません）。

　　— **Non**, pas du tout.　いいえ、全然（しません）。

否定疑問文

　　Tu **n**'aimes **pas** les chats ?　君はネコが好きではないの？

答え方

　　— **Si**, j'aime les chats.　いいえ、私はネコが好きです。

　　— **Si**, un peu.　いいえ、少しは（好きです）。

　　— **Si**, beaucoup.　いいえ、とても（好きです）。

— **Non**, je n'aime **pas** les chats.　はい、私はネコが好きではありません。

— **Non**, pas beaucoup.　はい、あまり（好きではありません）。

— **Non**, pas du tout.　はい、全然（好きではありません）。

2　疑問形容詞　🔊010

名詞の性・数に合わせた形を用いて「～は何、どの～」の意味で使います。

男・単　quel	女・単　quelle	男・複　quels	女・複　quelles

Quel est votre <u>nom</u> ? — Je m'appelle Sophie.　　　　　　nom 男 名前

あなたの名前はなんですか。　—私の名前はソフィです。

Quelle <u>saison</u> aimez-vous ? — J'aime le printemps.　　　saison 女 季節

あなたはどの季節が好きですか。　—私は春が好きです。

Tu parles **quelles** <u>langues</u> ? — Je parle japonais et anglais.　langue 女 言語

君はどの言語を話す？　—日本語と英語を話すの。

3　疑問代名詞　🔊011

何	何が	**Qu'est-ce qui** est important dans la vie ?	— Le travail.
		何が人生で大事ですか。	仕事です。
	何を	**Que** cherchez-vous ?	
		Qu'est-ce que vous cherchez ?	— La clé de ma chambre.
		何を探していますか。	私の部屋の鍵。
	～は何	**Qu'est-ce que** c'est ?	
		C'est **quoi** ?	— C'est un cadeau pour toi.
		これは何ですか。	君へのプレゼントだ。
誰	だれが	**Qui** veut chanter maintenant ?	
		Qui est-ce qui veut chanter maintenant ?	— Moi.
		さあ、だれが歌いたいのですか。	私。
	だれを	**Qui** attendez-vous ?	
		Qui est-ce que vous attendez ?	
		Vous attendez **qui** ?	— Un ami.
		だれを待っていますか。	友人です。
	～はだれ	**Qui** est-ce ?	
		C'est **qui** ?	— C'est notre professeur.
		だれですか。	私たちの先生です。

4　疑問副詞　🔊012

quand　いつ

Quand partez-vous ?

Quand est-ce que vous partez ?

Vous partez **quand** ? — Je pars samedi.

あなたはいつ出発しますか。 私は土曜日に出発します。

où　どこ

Où va-t-elle ?

Où est-ce qu'elle va ?

Elle va **où** ? — Elle va au cinéma.

彼女はどこへ行くのですか。 彼女は映画館に行きます。

comment　どんな

Comment ça va ? — Ça va bien, merci.

元気かい。 元気だよ、どうも。

Comment est-ce que tu rentres à la maison ? — En train.

君はどうやって帰宅しますか。 電車で。

Comment est ton professeur ? — Il est gentil.

君の先生、どんな人ですか。 優しいよ。

combien　どれだけ

Combien de jours restez-vous à Paris ? — Cinq jours.

あなたは何日パリに滞在しますか。 5日です。

Ça coûte **combien** ? — 60 euros.

いくらですか。 60ユーロです。

pourquoi　なぜ

Pourquoi Thomas n'est pas là aujourd'hui ? — Parce qu'il est malade.

なぜトマはきょう、いないのですか。 なぜなら彼は病気だからです。

［Ⅰ］ （聞き取り）フランス語の質問 (1)〜(5) を、それぞれ 3 回ずつ聞いてください。(1)〜(5) の質問に対する応答として適切なものを、それぞれ①、②から選んでください。🔊**013**

(1) ① Une bouteille de vin rouge.

　② Une tarte aux pommes.

(2) ① Oui, à la mer.

　② Oui, dans une école.

(3) ① À Paris.

　② Ce dimanche.

(4) ① Elle est très jolie.

　② Elle est dans un magasin.

(5) ① Oui, mais pas très bien.

　② Oui, mais pas très gentil.

［Ⅱ］ （聞き取り）フランス語の質問 (1)〜(5) を、それぞれ 3 回ずつ聞いてください。(1)〜(5) の質問に対する応答として適切なものを、それぞれ①、②から選んでください。🔊**014**

(1) ① Je vais bien.

　② J'y vais en voiture.

(2) ① Si, beaucoup.

　② Oui, un peu.

(3) ① Elle est étudiante.

　② Elle est malade.

(4) ① Le printemps.

　② Les oiseaux.

(5) ① Dans un restaurant.

　② Ce soir.

Leçon 3　動詞（1）

直説法現在　不定詞をとる動詞　命令法　代名動詞

　動詞の直説法現在の活用形は 5 級レベルに加えて 4 級レベルのものを覚えておきましょう。代名動詞の直説法現在形、命令形の形もしっかり身につけておきましょう。🔊015

Tu aimes le chocolat ? — Oui, j'adore ça.　チョコレート好き？　—はい、大好きです。

Comment va ta grand-mère ? — Elle va bien.　おばあちゃん、元気？　—元気よ。

D'où venez-vous ? — Nous venons du Japon.　どちらのご出身ですか。　—日本です。

Qu'est-ce que vous prenez comme dessert ? — Je prends un gâteau au chocolat.

　あなたはデザートに何をとりますか。　—私はチョコレートケーキをとります。

Combien de temps mettez-vous pour venir ici ? — Je mets une heure.

　あなたはここに来るのにどれくらい時間がかかりますか。　—私は 1 時間かかります。

Vous pouvez ouvrir la fenêtre ?　窓を開けてもらえますか。

Finis tes devoirs avant le dîner.　夕食までに宿題を終わらせなさい。

Ne faites pas de bruit.　うるさくしないで（ください）。

Vers quelle heure est-ce que tu te couches ? — Je me couche vers minuit.

　何時頃に寝るの？　—午前 0 時頃。

単 語 と 表 現

動詞

⇨**対の意味で覚える**　　　　　　　　　　　　　　　　　　　　　　　*p.13活用形参照

acheter 買う ⇔ vendre 売る　　　　　　　　　appeler 呼ぶ ⇔ répondre 返事する

envoyer* 送る ⇔ recevoir* 受け取る　　　　　écrire 書く ⇔ lire 読む

fermer 閉じる ⇔ ouvrir* 開ける（offrir と同型）　pousser 押す ⇔ tirer 引く

prêter 貸す ⇔ rendre 返す　　　　　　　　　　partir 出発する ⇔ arriver 到着する

entrer 入る ⇔ sortir 出る　　　　　　　　　　monter 上がる ⇔ descendre 降りる

⇨似た意味で覚える

habiter 住む　vivre* 暮らす　　　　　　　　parler 話す　dire 言う

penser 思う　croire* 信じる　　　　　　　　voir 会う　rencontrer 出会う

donner 与える　offrir* 贈る　　　　　　　　étudier 学ぶ　travailler 勉強する／働く

aimer 好む　adorer 大好きである　　　　　　préférer より好む　plaire* 気に入る

⇨意味に注意

écouter（注意して）聞く　entendre（自然に）聞こえる　regarder 見る　voir 見える　montrer 見せる

savoir（〜であること）を知っている　connaître（人や場所）を知っている

Grammaire

1 直説法現在 🔊016

直説法は事実を伝える動詞の形です。現在の行為、事柄、状態を伝えるのが直説法現在です。

envoyer　送る	
j'envoie	nous envoyons
tu envoies	vous envoyez
il envoie	ils envoient
elle envoie	elles envoient

recevoir　受け取る	
je reçois	nous recevons
tu reçois	vous recevez
il reçoit	ils reçoivent
elle reçoit	elles reçoivent

vivre　暮らす	
je vis	nous vivons
tu vis	vous vivez
il vit	ils vivent
elle vit	elles vivent

croire　信じる	
je crois	nous croyons
tu crois	vous croyez
il croit	ils croient
elle croit	elles croient

offrir　贈る	
j'offre	nous offrons
tu offres	vous offrez
il offre	ils offrent
elle offre	elles offrent

plaire　気に入る	
je plais	nous plaisons
tu plais	vous plaisez
il plaît	ils plaisent
elle plaît	elles plaisent

servir　料理を出す	
je sers	nous servons
tu sers	vous servez
il sert	ils servent
elle sert	elles servent

conduire　運転する	
je conduis	nous conduisons
tu conduis	vous conduisez
il conduit	ils conduisent
elle conduit	elles conduisent

boire　飲む	
je bois	nous buvons
tu bois	vous buvez
il boit	ils boivent
elle boit	elles boivent

2 不定詞をとる動詞 🔊017

pouvoir	
je peux	nous pouvons
tu peux	vous pouvez
il peut	ils peuvent
elle peut	elles peuvent

vouloir	
je veux	nous voulons
tu veux	vous voulez
il veut	ils veulent
elle veut	elles veulent

devoir	
je dois	nous devons
tu dois	vous devez
il doit	ils doivent
elle doit	elles doivent

〈pouvoir＋不定詞〉　～できる　　On ne **peut** pas arriver avant midi.　私たちは正午までに到着できない。

＊主語人称代名詞 on は「私たちは」「人々は」の意味で用いますが、活用形は常に 3 人称単数です。

〈vouloir＋不定詞〉　～したい　　**Voulez**-vous venir avec nous ?　私たちと一緒にいらっしゃいますか。

〈devoir＋不定詞〉　～すべきである　　Tu **dois** partir tôt demain.　君は明日早く、出発すべきだ。

3　命令法　🔊018

相手に「〜しなさい」と伝える動詞の形です。tu で話す相手には直説法現在の tu の活用形、vous で話す相手には vous の活用形からそれぞれ主語をとって作ります。nous の活用形から主語をとった形は「〜しましょう」の意味で用います。

*tu の活用語尾が -es, -as のとき、命令形は語末の s をとります。*être と avoir は特殊な活用形です。

		(écouter)	(avoir)	(être)
tu を用いる相手に	：〜して	écoute (écoutes)	aie	sois
nous 相手と自分を含めて	：〜しましょう	écoutons	ayons	soyons
vous を用いる相手に	：〜して（ください）	écoutez	ayez	soyez

Écoute bien.　よく聞いて。

Sois gentil avec ta sœur.　妹に優しくしなさい。　*être gentil avec ~：〜に親切である

N'**ayez** pas peur*.　怖がらないで（ください）。　*avoir peur：怖い

4　代名動詞　🔊019

動詞の前に再帰代名詞 se を伴う動詞です。再帰代名詞は主語に合わせて次のように変化します。me, te, se はエリジョンします。

直説法現在

se dépêcher　急ぐ			
je **me** dépêche		nous **nous** dépêchons	
tu **te** dépêches		vous **vous** dépêchez	
il **se** dépêche		ils **se** dépêchent	
elle **se** dépêche		elles **se** dépêchent	

s'habiller　服を着る			
je **m'**habille		nous **nous** habillons	
tu **t'**habilles		vous **vous** habillez	
il **s'**habille		ils **s'**habillent	
elle **s'**habille		elles **s'**habillent	

肯定命令　動詞からはじめて再帰代名詞をハイフンのあとに置きます。te は **toi** にします。

Dépêche-**toi**.　急いで。　　　　　　　Habille-**toi**.　服を着て。

Dépêchons-**nous**.　急ぎましょう。　　Habillons-**nous**.　服を着ましょう。

Dépêchez-**vous**.　急いで（ください）。　Habillez-**vous**.　服を着て（ください）。

否定命令　否定文の主語をとります。

Ne vous dépêchez **pas**. (~~Vous~~ ne vous dépêchez pas.)　急がないで（ください）。

s'appeler 名前は〜である　　se laver 自分の体を洗う、自分の〜を洗う　　se lever 起きる

se reposer 休息をとる　　se coucher 寝る　　se réveiller 目を覚ます　　se promener 散歩する

se trouver いる、ある　　se souvenir (de~)（〜を）覚えている

[Ⅰ] 次の日本語の文 (1)〜(5) の下には、それぞれ対応するフランス語の文が記されています。(　　) 内に入れるのにもっとも適切なものを、それぞれ①〜③のなかから1つずつ選んでください。

(1) ニコラ、帽子をかぶりなさい。

Nicolas, (　　) ton chapeau.

① mettons　　　　　② mettez　　　　　③ mets

(2) ソフィは運転がじょうずです。

Sophie (　　) bien.

① conduit　　　　　② conduisent　　　　　③ conduis

(3) 子どもたち、早く服を着なさい。

Les enfants, (　　)-vous vite !

① habille　　　　　② habillons　　　　　③ habillez

(4) 朝、紅茶を飲んでいます。

Je (　　) du thé le matin.

① boit　　　　　② buvez　　　　　③ bois

(5) 君はマリに何をお誕生日にプレゼントするの？

Qu'est-ce que tu (　　) à Marie pour son anniversaire ?

① offrez　　　　　② offre　　　　　③ offres

[Ⅱ] 次の (1)〜(2) のAとBの対話を完成させてください。Bの下線部に入れるのにもっとも適切なものを、それぞれ①〜③のなかから1つずつ選んでください。

(1) **A**：D'où venez-vous ?

　　B：＿＿＿＿＿＿＿＿＿＿＿＿＿＿

　　A：Ah, vous êtes japonais.

　　　　① Je prends le train.

　　　　② Je viens de France.

　　　　③ Nous venons du Japon.

(2) **A**：Je passerai une semaine chez mes parents.

　　B：＿＿＿＿＿＿＿＿＿＿＿＿＿＿

　　A：Très bien. Ils vont avoir 70 ans.

　　　　① Ah oui. Tu y vas comment ?

　　　　② Ah bon. Comment vont-ils, tes parents ?

　　　　③ Ah, c'est bien. Ils sont en voyage.

Leçon 4 代名詞（1）

人称代名詞： 直接目的語　間接目的語　強勢形

　文のなかの直接目的語、間接目的語がわかり、これらの代わりとなる代名詞を正しく使えることがポイントです。強勢形の使い方にも慣れておきましょう。🔊020

Vous connaissez cette dame ? — Oui, je la connais. C'est la mère de Thomas.

　あなたはあの女性を知っていますか。　―ええ、知っています。トマのお母さんです。

Quand est-ce que tu téléphones à Émilie ? — Je lui téléphone ce soir.

　あなたはいつエミリに電話するの？　―今晩、彼女に電話するよ。

Vous venez avec moi ? — Oui, avec plaisir.

　君たち、ぼくと一緒に来る？　―ええ、喜んで。

単 語 と 表 現

直接目的語をとる動詞

accompagner ~	：～に付添う	essayer ~	：～を試す
acheter ~	：～を買う	laisser ~	：～を置いておく
aider ~	：～を手伝う	oublier ~	：～を忘れる
attendre ~	：～を待つ	recevoir ~	：～を受け取る
connaître ~	：～を知っている	remercier ~	：～に礼を言う
écouter ~	：～を聞く	rencontrer ~	：～に出会う
entendre ~	：～が聞こえる	voir ~	：～に会う

間接目的語をとる動詞

écrire à ~	：～に手紙を書く	répondre à ~	：～に返事をする
plaire à ~	：～の気に入る	téléphoner à ~	：～に電話する

直接目的語と間接目的語をとる動詞

apporter A à B	：A を B に持ってくる（行く）	offrir A à B	：A を B に贈る
dire A à B	：A を B に言う	présenter A à B	：A を B に紹介する
donner A à B	：A を B に与える	prêter A à B	：A を B に貸す
montrer A à B	：A を B に見せる	rendre A à B	：A を B に返す

Grammaire

1 直接目的語の人称代名詞 🔊021

フランス語では名詞の繰り返しを避けるために、名詞の代わりとなる**代名詞**を用います。

直接目的語は動詞（être を除く）のあとに直接つづく名詞のことです。多くが「～を」に対応します。

直接目的語の名詞を繰り返さないために用いる代名詞が**直接目的語の人称代名詞**です。

主語	je (j')	tu	il	elle	nous	vous	ils	elles
直接目的語	me (m')	te (t')	le (l')	la (l')	nous	vous	les	
	私を	君を	彼を それを	彼女を それを	私たちを	あなた（方）を 君たちを	彼（女）らを それらを	

名詞が直接目的語になっている**動詞の前**に置きます。

<u>Vous</u> <u>connaissez</u> **ce monsieur** ?　　— Oui, je le connais.
主語　　　動詞　　　直接目的語

Vous connaissez **ce monsieur** ?「あなたはあの男性を知っていますか」という質問に答えるとき、直接目的語の名詞を繰り返して Oui, je connais *ce monsieur*. とは言いません。直接目的語の名詞「あの男性を」の代わりになる代名詞を用いて答えます。直接目的語は男性名詞単数ですから、「彼を」に当たる **le** を動詞の前に置いて Oui, je **le** connais.「はい、彼を知っています」と答えます。

le, la, les の使い方

le, la, les は「人」と「もの」に用います。

Vous prenez **ce pantalon** ?— Oui, je le prends.（Oui, je prends *ce pantalon*.）

「このズボンをお買いになりますか」と聞かれて、「はい、それを買います」と答えるとき、ce pantalon は男性名詞単数の直接目的語ですから「それを」にあたる代名詞 **le** を用います。

エリジヨン

me, te, le, la はエリジヨンする語ですから、母音や無音の h ではじまる動詞の前に置かれると **m', t', l'** になります。

Mes parents **m'**aiment.　両親は私のことが好きです。

Je **t'**aime.　君が好きだ。

Tu aimes Sophie ? — Oui, je **l'**aime.　ソフィが好き？　—うん、彼女が好きだ。

動詞が 2 つ以上ある場合

動詞が 2 つ以上使われているとき、直接目的語をとる動詞の前に代名詞を置きます。

Cette robe est jolie. Je peux **l'**<u>essayer</u> ?　このドレス素敵です。試着できますか。

Je peux <u>essayer</u> **cette robe** ? の cette robe は動詞 essayer の直接目的語ですから、直接目的語の代名詞 la は essayer の前にエリジヨンした **l'** で置きます。

2 間接目的語の人称代名詞 🔊022

間接目的語は動詞（être を除く）のあとに前置詞 à を介してつづく名詞のことです。多くが「〜に」に対応します。

間接目的語の名詞が「人」のときに間接目的語の人称代名詞に置き換えることができます。

主語	je (j')	tu	il	elle	nous	vous	ils	elles
間接目的語	me (m')	te (t')	lui		nous	vous	leur	
	私に	君に	彼（女）に		私たちに	あなた（方）に 君たちに	彼（女）らに	

名詞が間接目的語になっている**動詞の前**に置きます。

<u>Tu téléphones</u> souvent **à Paul** ? — Oui, je **lui** téléphone souvent.
主語　動詞　　　　　間接目的語

ポールによく電話するの？　— うん、彼によく電話してるよ。

3 強勢形の人称代名詞 🔊023

主語	je (j')	tu	il	elle	nous	vous	ils	elles
強勢形	moi	toi	lui	elle	nous	vous	eux	elles
	私	君	彼	彼女	私たち	あなた（方） 君たち	彼ら	彼女たち

用法

1) 主語を強調します。　　　Paul travaille déjà, et **moi**, <u>je</u> suis encore étudiant.

　　　　　　　　　　　　ポールはすでに仕事をしていますが、私、私はまだ学生です。

2) c'est のあとで用います。　Allô, <u>c'est</u> **toi**, Camille ?　　もしもし、カミーユ、君かい？

3) 前置詞とともに用います。　Ce cadeau est <u>pour</u> **vous**.　　このプレゼントはあなたのためです。

4) 比較級の que のあとの人称代名詞は強勢形を用います。（*比較級 → Leçon 8）

　　Marie est plus grande <u>que</u> **toi**.　マリは君より背が高い。

5) 直接目的語、間接目的語の me は肯定命令文では、強勢形の moi を用います。

　　Écoute-**moi**.（Tu m'écoutes.）　私の言うことを聞きなさい。

6) 代名動詞の再帰代名詞 te は肯定命令文になると toi を用います。

　　Dépêche-**toi**.　急ぎなさい。

［Ⅰ］ 次の対話 (1)〜(5) の（　　）内に入れるのにもっとも適切なものを、それぞれ①〜③のなかから１つずつ選んでください。

(1) Tu as ton passeport ?

　　 — Oui, je （　　） ai dans ma veste.

　　 ① le　　　　　　　　② la　　　　　　　　③ l'

(2) Vous voyez souvent vos parents ?

　　 — Non, mais je （　　） téléphone.

　　 ① les　　　　　　　② lui　　　　　　　③ leur

(3) C'est monsieur Lenoir ?

　　 — Oui, c'est （　　）.

　　 ① lui　　　　　　　② toi　　　　　　　③ elle

(4) Thomas et Pierre sont aussi pâtissiers ?

　　 — Non, （　　）, ils travaillent dans un grand magasin.

　　 ① lui　　　　　　　② elles　　　　　　③ eux

(5) Tu vois Nathalie ?

　　 — Oui, je vais （　　） voir cet après-midi.

　　 ① lui　　　　　　　② la　　　　　　　　③ le

［Ⅱ］ 次の対話 (1)〜(5) の（　　）内に入れるのにもっとも適切なものを、それぞれ①〜③のなかから１つずつ選んでください。

(1) Demain, c'est l'anniversaire de ma mère.

　　 — Ah bon, qu'est-ce que tu vas （　　） offrir ?

　　 ① elle　　　　　　　② lui　　　　　　　③ leur

(2) Allô, c'est Julien ?

　　 — Oui, c'est （　　）.

　　 ① moi　　　　　　　② vous　　　　　　③ nous

(3) Qu'est-ce que c'est ?

　　 — Ce sont des photos de mon voyage. Je vais （　　） les montrer.

　　 ① me　　　　　　　② nous　　　　　　③ te

(4) Qui est ce ?

　　 — Ah, tu ne （　　） connais pas ? C'est le père de Lucie.

　　 ① le　　　　　　　　② la　　　　　　　　③ les

(5) J'ai de la fièvre. Je vais voir le médecin.

　　 — À quelle heure est-ce que tu as rendez-vous avec （　　） ?

　　 ① lui　　　　　　　② vous　　　　　　③ toi

場面と定形表現　Des expressions selon les situations

ある会話の場面に固有の表現があります。場面と表現をセットで覚えておきましょう。

レストランで　Au restaurant　🔊 024

— Vous êtes combien ?　何名様ですか。

— Nous sommes quatre.　4 名です。

— La carte, s'il vous plaît.　メニューをお願いします。

— L'addition, s'il vous plaît.　お勘定をお願いします。

— Vous avez choisi ?　お決まりですか（選びましたか）。

— Qu'est-ce que vous prenez comme plat / comme dessert / comme boisson ?

　　メインディッシュに / デザートに / 飲み物に何をとりますか。

— J'ai réservé une table.　私はテーブルをひとつ予約しました。

— C'est à quel nom ?　どなたのお名前で？

病院で　À l'hôpital　🔊 025

— Qu'est-ce que vous avez ?　どうなさいましたか。

— Qu'est-ce que vous avez mangé hier ?　昨日、何を食べましたか。

— Où est-ce que vous avez mal ?　どこが痛いのですか。

— Vous avez de la fièvre ?　熱はありますか。

— Vous dormez bien ?　よく眠れていますか。

— Ouvrez la bouche.　口を開けてください。

道案内　Montrer le chemin　🔊 026

— Vous allez tout droit.　まっすぐ行きます。

— Vous continuez tout droit.　まっすぐ進み続けます。

— Tournez à droite / à gauche.　右へ / 左へ曲がってください。

— Prenez la première rue / la deuxième rue à gauche.

　　最初の道 / 2 番目の道を左に曲がります（とります）。

— C'est loin / tout près ?　遠いですか / すぐ近くですか。

— Il faut 15 minutes.　15 分かかります。

市場で　Au marché　🔊 027

— Avec ça ?　他には？

— Ce sera tout.　以上です。

— Ça fait combien ?　いくらになりますか。

衣料品店で　Dans un magasin de vêtements　🔊028

— Je peux essayer ?　試着してもいいですか。

— C'est trop grand pour moi.　私には大きすぎる。

— C'est trop large pour moi.　私にはダブダブだ。

— Ça vous va très bien.　あなたにとてもよく似合います。

— C'est combien ? / Ça coûte combien ?　いくらですか。

紹介　Présentation　🔊029

— Je te présente Léo, un ami.　友だちのレオを紹介するよ。

— Voici Marie, une ancienne camarade de classe.　かつてのクラスメートのマリです。

あいさつ、祝福の言葉　Salutations, Félicitations　🔊030

— Bonne journée !　よい1日を。

— Bonne soirée !　よい晩を。

— Bon week-end !　楽しい週末を。

— Bonnes vacances !　楽しい休暇を。

— Bon voyage !　よい旅行を。

— Bonne chance !　幸運を祈ります。

— Bon courage !　頑張ってください。

— Bon appétit !　たっぷり召し上がってください。

— Bon anniversaire !　お誕生日、おめでとう。

— À votre santé !　あなたの健康を祝して！（乾杯のときに）

日常　Dans la vie quotidienne　🔊031

— On est en retard.　私たち、遅れています。

— Dépêchons-nous !　急ぎましょう。

— Faites attention aux voitures.　車に気をつけなさい。

— Les enfants, levez-vous !　子どもたち、起きなさい。

— Les enfants, couchez-vous !　子どもたち、寝なさい。

— Les enfants, écoutez bien !　子どもたち、よく聞きなさい。

— Attendez !　待って（ください）。

— Venez vite !　早く来て（ください）。

タクシーで　Dans un taxi　🔊032

— À la gare / À l'aéroport, s'il vous plaît.　駅 / 空港までお願いします。

— Je vous dois combien ?　おいくらですか。

Leçon 5 　動詞（2）

近接未来　単純未来　非人称構文　数詞 1〜99

　動詞は、直説法現在形に続いて近接未来と直説法単純未来の形と使い方を身につけ、天候表現などに使われる非人称構文を復習しましょう。数詞は文中の2桁の数を聞き取れるようにしましょう。🔊033

Bon, on va travailler.　さぁ、仕事しよう。

Mes grands-parents vont arriver dans quelques minutes.

　おじいちゃん、おばあちゃんが数分後に到着します。

Elles auront 20 ans l'année prochaine.　彼女たちは来年20歳になります。

Thomas sera content.　トマは喜ぶだろう。

Nous visiterons le musée du Louvre samedi prochain.

　私たちは今度の土曜日にルーブル美術館を訪れます。

Tu feras attention aux voitures.　車に気をつけるのよ。

Il faut se lever tôt demain.　明日は早く起きなければならない。

Il pleut depuis ce matin.　朝から雨が降っている。

Il fait froid aujourd'hui.　きょうは寒い。

Il y a des nuages.　雲が出ている。

Il est six heures du matin.　午前6時です。

単 語 と 表 現

未来を表す

demain 明日　la semaine prochaine 来週　le mois prochain 来月

l'année prochaine / l'an prochain 来年　dans 〜 〜後に

天候

Il fait chaud / froid aujourd'hui.　きょうは暑い / 寒い。

Il fera beau / mauvais demain.　明日は天気がいい / 悪い。

Il pleut. / Il neige.　雨が降っている / 雪が降っている。

Il y a des nuages / du vent.　雲が / 風が出ている。

時刻

Il est huit heures.　8時です。

Il est huit heures et demie / et quart.　8時半です / 8時15分です。

Il est huit heures moins dix / moins le quart.　8時10分前 / 15分前です。

Grammaire

1 近接未来 🔊034

〈aller + 不定詞〉 aller を直説法現在で活用させて、動詞の不定詞をつづけます。

(1) 近い未来の事柄を伝えます。

Il est déjà six heures. Je **vais rentrer**.　もう午後 6 時です。帰ります。

(2) 2 人称で用いると軽い命令のニュアンスが伝わります。

Il pleut. Tu **vas prendre** ton parapluie.　雨が降っているわ。傘を持って行くのよ。

2 直説法単純未来 🔊035

活用形は全人称に共通のつづり字である語幹に、人称によって変化する語尾をつけた形です。

単純未来の語幹　原則は、原形の r の前までのつづり字

-er 規則動詞 visite*r* → **visite**　　-ir 規則動詞 fini*r* → **fini**

不規則動詞 prend*re* → **prend**　　écri*re* → **écri**　　mett*re* → **mett**

特殊な語幹　**se** (être)　**au** (avoir)　**i** (aller)　**viend** (venir)　**fe** (faire)　**ver** (voir)

単純未来の語尾 -rai -ras -ra -rons -rez -ront

visiter	
je visite**rai**	nous visite**rons**
tu visite**ras**	vous visite**rez**
il visite**ra**	ils visite**ront**
elle visite**ra**	elles visite**ront**

aller	
j'**irai**	nous **irons**
tu **iras**	vous **irez**
il **ira**	ils **iront**
elle **ira**	elles **iront**

avoir	
j'**aurai**	nous au**rons**
tu au**ras**	vous au**rez**
il au**ra**	ils au**ront**
elle au**ra**	elles au**ront**

用法

(1) 未来の行為、事柄を伝えます。直説法は事実を伝える動詞の形ですから、未来の事柄でも事実になることを前提にしています。

Il **finira** ses études à l'université cette année.　彼は今年、大学を卒業します。

(2) 2 人称で用いると軽い命令のニュアンスが伝わります。

Vous **viendrez** me voir ce soir.　君たち、今晩、私に会いにいらっしゃい。

3 非人称構文 🔊036

行為をする人を示さない非人称主語 **il** を用いる構文です。

非人称主語 il の活用だけをもつ非人称動詞

(falloir)　il faut + 名詞：〜が必要である / il faut + 不定詞：〜しなければならない

(pleuvoir)　il pleut：雨が降っている　　　　(neiger)　il neige：雪が降っている

一般動詞で非人称構文をつくる動詞

天候　(faire) il fait 〜　(avoir) il y a 〜　　　　時刻　(être) il est 〜

4 数詞 1〜99 🔊037

1 un / une	28 vingt-huit	75 soixante-quinze
2 deux	29 vingt-neuf	76 soixante-seize
3 trois	**30 trente**	77 soixante-dix-sept
4 quatre	31 trente-et-un / une	78 soixante-dix-huit
5 cinq	32 trente-deux	79 soixante-dix-neuf
6 six	⋮	**80 quatre-vingts**
7 sept	39 trente-neuf	81 quatre-vingt-un / une
8 huit	**40 quarante**	82 quatre-vingt-deux
9 neuf	41 quarante-et-un / une	83 quatre-vingt-trois
10 dix	42 quarante-deux	84 quatre-vingt-quatre
11 onze	⋮	85 quatre-vingt-cinq
12 douze	49 quarante-neuf	86 quatre-vingt-six
13 treize	**50 cinquante**	87 quatre-vingt-sept
14 quatorze	51 cinquante-et-un / une	88 quatre-vingt-huit
15 quinze	52 cinquante-deux	89 quatre-vingt-neuf
16 seize	⋮	**90 quatre-vingt-dix**
17 dix-sept	59 cinquante-neuf	91 quatre-vingt-onze
18 dix-huit	**60 soixante**	92 quatre-vingt-douze
19 dix-neuf	61 soixante-et-un / une	93 quatre-vingt-treize
20 vingt	62 soixante-deux	94 quatre-vingt-quatorze
21 vingt-et-un / une	⋮	95 quatre-vingt-quinze
22 vingt-deux	69 soixante-neuf	96 quatre-vingt-seize
23 vingt-trois	**70 soixante-dix**	97 quatre-vingt-dix-sept
24 vingt-quatre	71 soixante-et-onze	98 quatre-vingt-dix-huit
25 vingt-cinq	72 soixante-douze	99 quatre-vingt-dix-neuf
26 vingt-six	73 soixante-treize	
27 vingt-sept	74 soixante-quatorze	

数詞の聞き取りでは次にくる名詞とのリエゾン、アンシェヌマンに注意しましょう。

Le film finit à vingt-et-<u>une heure</u>.　映画は 21 時に終わります。

Mon grand-père a quatre-vingt-<u>trois ans</u>.　私の祖父は 83 歳です。

Ça coûte <u>soixante euros</u>.　60 ユーロの値段です。

Ça fait cinquante-neuf* euros.　59 ユーロです。

*neuf の f [フ] は ans と heures の前だけ［ヌ<u>ヴォ</u>ン］［ヌ<u>ヴー</u>る］の音になります。euros の前では［フ］のままで［ヌッ<u>フ</u>ウろ］と発音します。

［I］　次の日本語の文（1）～（5）の下には、それぞれ対応するフランス語の文が記されています。（　　）内に入れるのにもっとも適切なものを、それぞれ①～③のなかから1つずつ選んでください。

(1) 彼女たちはパリに何日、滞在するのですか。

　　　Combien de jours est-ce qu'elles (　　　) à Paris ?

　　　① restera　　　　　　② resteront　　　　　　③ resterai

(2) 君たちを送っていこう。

　　　Je vais vous (　　　).

　　　① accompagne　　　　② accompagnez　　　　③ accompagner

(3) 来年、私は留学します。

　　　L'année prochaine, j'(　　　) étudier à l'étranger.

　　　① ira　　　　　　　② iras　　　　　　　③ irai

(4) 明日は暑くなる。

　　　Il (　　　) chaud demain.

　　　① feront　　　　　　② ferai　　　　　　③ fera

(5) 君たち、タクシーに乗りなさいね。

　　　Vous (　　　) un taxi.

　　　① prendra　　　　　② prendrez　　　　　③ prendront

［II］（聞き取り）　🔊038

・フランス語の文（1）～（8）を、それぞれ3回ずつ聞いてください。

・どの文にもかならず数が含まれています。その数を算用数字で書いてください。

(1) ＿＿＿　(2) ＿＿＿　(3) ＿＿＿　(4) ＿＿＿　(5) ＿＿＿　(6) ＿＿＿　(7) ＿＿＿　(8) ＿＿＿

Leçon 6　代名詞（2）

中性代名詞 en, y　指示代名詞　関係代名詞 qui, que（qu'）

　中性代名詞（en, y）、指示代名詞は、どういうときに名詞の代わりとして使えるかを理解しておきましょう。関係代名詞（qui, que）を用いた文は意味がとれるようにしましょう。 🔊039

On achète des chocolats pour Marie ? — Oui. On en achète chez un chocolatier japonais ?

マリのためにチョコレートを買う？　―そうね、日本人ショコラティエのお店で買う？

Il y a encore du café. Tu en veux ?

まだコーヒーがあるよ。君、いる？

Vous avez des frères ? — Non, je n'en ai pas.

兄弟いますか。　―いいえ、いません。

Tu veux encore de la viande ? — Oui, j'en veux un peu, s'il te plaît.

もっと肉いる？　―ええ、少し欲しいわ、お願い。

Vous avez des enfants ? — Oui, j'en ai trois.　お子さんいますか。　―はい、3人います。

Quand est-ce que vous allez en France ? — Nous y allons cet été.

君たち、いつフランスに行きますか。　―私たちはこの夏、そこに行きます。

C'est ton dictionnaire ? — Non, c'est celui de Julien.

これは君の辞書？　―いや、ジュリアンのだ。

Voici deux sacs rouges. Tu préfères celui-ci ou celui-là ?

赤いバッグが2つあるわ。こっちのほうが好き、それともこっち？

Tu connais ce monsieur qui porte des lunettes ?

君はメガネをかけているあの男性を知っている？

Les amis que nous allons voir sont français.

私たちがこれから会う友人はフランス人です。

単 語 と 表 現

encore : まだ、もっと

un peu de ~ : 少しの〜　　assez de ~ : 十分な〜

beaucoup de ~ : たくさんの〜

un kilo de ~ : 1 キロの〜

G r a m m a i r e

1 中性代名詞 en 🔊040

代名詞はすでに使われた名詞を繰り返さないために用います。

直接目的語、間接目的語の人称代名詞は、名詞の表すものが具体的にどれを指すのかわかっているときに用います。中性代名詞 en は、名詞の表すものが、どれを指すのか具体的に示されていない場合に用います。動詞の前に置きます。

名詞を en で置き換えることができるのは次の場合です。

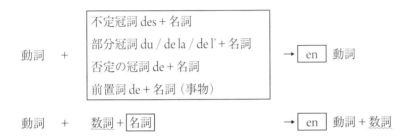

Tu manges des légumes ? — Oui, j'**en** mange tous les jours. (Oui, je mange _des légumes_ …)

君は野菜を食べている？　—はい、毎日食べています。

Il boit du vin ?— Oui, il **en** boit le soir. (Oui, il boit _du vin_ le soir.)

彼はワインを飲みますか。　—はい、晩に飲みます。

Vous avez encore des croissants ?

— Non, nous n'**en** avons plus. (Non, nous n'avons plus _de croissants_.)

クロワッサンはまだありますか。　—いいえ、もうありません。　*ne ~ plus : もはや～ない

Elle va parler de son voyage au Japon ?

— Oui, elle va **en** parler. (Oui, elle va parler _de son voyage au Japon_.)

彼女はこれから彼女の日本旅行について話すのですか。

—はい、彼女はこれからそのことを話します。　*parler de ~ : ～について話す

Il faut combien d'oranges ? — Il **en** faut trois. (Il faut _trois oranges_.)

オレンジはいくつ必要ですか。　—3つ必要です。

2 中性代名詞 y 🔊041

名詞が次のような場合に、名詞の繰り返しを避けるために用います。動詞の前に置きます。

動詞 ＋	場所の前置詞 à / dans / en / chez / sur (de を除く) … ＋名詞 前置詞 à ＋名詞（事物）	→ y 動詞

Vous habitez dans cette rue ?

— Oui, j'*y* habite depuis deux ans.（Oui, j'habite *dans cette rue* depuis deux ans.）

あなたはその通りに住んでいるのですか。

—はい、私はそこに 2 年前から住んでいます。

Tu penses à ton examen ?

— Oui, j'*y* pense.（Oui, je pense *à mon examen*.）

あなたは試験のことを考えている？

—ええ、そのことを考えているわ。

3　指示代名詞　🔊042

男性・単数	女性・単数	男性・複数	女性・複数
celui	celle	ceux	celles

　1）すでに出ている名詞に新たな情報を付け加えるときに用います。このとき、この名詞を繰り返さずに、この名詞の性・数に一致する指示代名詞を用いて、de のあとに新たな情報をつづけます。

　　C'est ton parapluie ? — Non, c'est **celui de** Paul.　　（Non, c'est *le parapluie* **de** Paul.）

　　これは君の傘なの？　—いいえ、ポールの（それ）だ。

　2）-ci, -là をつけて 2 つのものを区別します。

　　Voici deux robes blanches. Tu choisis celle-ci ou celle-là ?　（Tu choisis *cette robe-ci* ou *cette robe-là* ?）

　　白いドレスが 2 枚あるわ。こちらを選ぶの、それともこっち？

4　関係代名詞 qui, que（qu'）　🔊043

関係代名詞は、| 名詞に | 修飾する文 | をつなぐときに用います。

qui　修飾される名詞が修飾する文のなかで、主語になる文をつなぎます。

　　J'ai *un ami* **qui** étudie le français à Paris.　私にはパリでフランス語を学んでいる友人がいます。

　　　（*cet ami* étudie le français à Paris）

que　修飾される名詞が修飾する文のなかで、直接目的語になる文をつなぎます。

　　Léo est *un ami* **que** je connais depuis mon enfance.　レオは私が幼年時代から知っている友人です。

　　　（je connais *cet ami* depuis mon enfance）

［Ⅰ］ 次の対話 (1)〜(5) の （　　） 内に入れるのにもっとも適切なものを、それぞれ①〜③ のなかから 1 つずつ選んでください。

(1) C'est ton vélo ?

　　— Non, c'est (　　) de mon frère.

　　① celui　　　　　　② celle　　　　　　③ celles

(2) Tu veux encore du café ?

　　— Oui, j'(　　) veux un peu, s'il te plaît.

　　① en　　　　　　　② le　　　　　　　③ y

(3) Elle est lourde, ta valise ?

　　— Oui, mais je peux (　　) porter toute seule.

　　① te　　　　　　　② le　　　　　　　③ la

(4) J'ai rendez-vous avec Marie.

　　— Alors, dis-(　　) bonjour.

　　① moi　　　　　　② lui　　　　　　　③ la

(5) Quand est-ce que vous allez aux États-Unis ?

　　— Nous (　　) allons au mois d'avril.

　　① la　　　　　　　② en　　　　　　　③ y

［Ⅱ］ 次の対話 (1)〜(5) の （　　） 内に入れるのにもっとも適切なものを、それぞれ①〜③ のなかから 1 つずつ選んでください。

(1) Amélie et Thomas n'ont pas d'enfants ?

　　— Si, ils (　　) ont trois.

　　① y　　　　　　　② en　　　　　　　③ les

(2) Comment est-ce que tu viens chez moi ?

　　— J'(　　) vais en voiture.

　　① nous　　　　　　② y　　　　　　　③ en

(3) Ce sont vos chaussures ?

　　— Non, ce sont (　　) de ma sœur.

　　① celui　　　　　　② celle　　　　　　③ celles

(4) Tes grands-parents vont bien ?

　　— Oui. Je vais (　　) voir dimanche.

　　① la　　　　　　　② les　　　　　　　③ te

(5) Tu as ton adresse e-mail ?

　　— Oui, je (　　) la donne.

　　① nous　　　　　　② lui　　　　　　　③ te

Leçon 7　動詞（3）

近接過去　複合過去　半過去

　過去時制のポイントは複合過去と半過去の使い分けです。複合過去では過去分詞を覚え、助動詞（être/avoir）を使い分けること、半過去では語幹と語尾をしっかり覚えておくことです。🔊044

Nous venons de finir nos examens.　私たちは試験が終わったところです。

Camille a visité le château de Versailles dimanche dernier.
　カミーユは先週の日曜日にヴェルサイユ宮殿を訪れました。

Vous avez attendu longtemps ?　君たち、長いこと待ちましたか。

Nous sommes allés à Paris et nous y sommes restés cinq jours.
　私たちはパリに行き、そこに5日間滞在しました。

Où est-ce que vous êtes né(e) ?
　あなたはどこで生まれましたか。

Il ne travaille plus, mais avant, il travaillait dans une banque.
　彼はもう仕事をしていませんが、以前は、銀行に勤めていました。

Julie est venue au Japon quand elle avait dix ans.
　ジュリは10歳のとき日本に来ました。

単 語 と 表 現

過去を表す

hier きのう　la semaine dernière 先週　le mois dernier 先月
l'année dernière / l'an dernier 去年　il y a ~ ～前に

副詞

beaucoup たくさん　bien よく、じょうずに　mal 悪く、へたに
déjà すでに　ne ~ pas encore まだ～ない
ne ~ jamais 一度も～ない

Grammaire

1 近接過去 🔊045

〈venir de (d') + 不定詞〉 ～したばかりである

Tu veux manger quelque chose ? — Non, merci. Je **viens de** *déjeuner.*

何か食べる？ ―いいえ、結構だよ。昼食を食べたばかりなんだ。

Notre train **vient d'***arriver.* 我々の列車が到着したところだ。

2 複合過去 🔊046

| 助動詞（avoir または être の直説法現在）＋過去分詞 | の形で作ります。

過去分詞の作り方

 -er 規則動詞：原形の r をとって e にアクサンテギュをつける **chanté**（chanter 歌う）

 -ir 規則動詞：原形の r をとる **fini**（finir 終える）

 不規則動詞： **été**（être ～である） **eu**（avoir 持っている） **fait**（faire する）

      pris（prendre とる） **mis**（mettre 置く） **vu**（voir 会う）

      attendu（attendre 待つ） **dit**（dire 言う） **écrit**（écrire 書く） **lu**（lire 読む）

助動詞に avoir を用いる動詞 すべての他動詞と大部分の自動詞

助動詞に être を用いる動詞 移動の概念をもつ自動詞とすべての代名動詞

 aller 行く venir（過去分詞 **venu**）来る arriver 着く partir 出発する entrer 入る

 sortir 出る monter 上がる descendre（**descendu**）降りる tomber 転ぶ rester 滞在する

 naître（**né**）生まれる mourir（**mort**）死ぬ

 être を助動詞にする動詞の過去分詞は、**主語の性と数に一致**させます。主語が女性のときは e を、複数のときは s をつけます。

```
          venir（来る） 複合過去
  je suis  venu(e)      nous sommes  venu(e)s
  tu es    venu(e)      vous êtes    venu(e)(s)
  il est   venu         ils sont     venus
  elle est venue        elles sont   venues
```

 Je suis né**e*** à Paris. 私はパリで生まれた。

  *過去分詞に e がついているので「私」は女性の人。

 Quand est-ce que vous êtes arrivé* à la gare ? あなたはいつ駅に到着しましたか。

  *過去分詞に e も s もないので vous「あなたは」は男性単数の人。

 Nous sommes parti**es*** tôt ce matin. 私たちは今朝、早く出発しました。

  *過去分詞に e と s がついているので nous「私たちは」は女性複数の人たち。

代名動詞の複合過去

se coucher　寝る			
je me suis	couché(**e**)	nous nous sommes	couché(**e**)**s**
tu　t'es	couché(**e**)	vous vous êtes	couché(**e**)(**s**)
il　s'est	couché	ils　se sont	couché**s**
elle　s'est	couché**e**	elles　se sont	couché**es**

再帰代名詞と過去分詞のあいだに、être の直説法現在形を入れます。

Hier, elle **s'est levée** à 6 heures.　昨日、彼女は6時に起きました。

用法

(1) 過去の出来事、完了した事柄を伝えます。

Nous **avons pris** un taxi pour aller à la gare.　私たちは駅に行くためにタクシーに乗った。

(2) 現時点につながる過去の完了した行為、事柄を伝えます。

Je **n'ai pas fini** mes devoirs.　私は宿題を終えていません。

(3) 期間が限定された過去の継続的な行為、事柄を伝えます。

Hier, j'**ai dormi** cinq heures.　きのうは5時間眠った。

3　半過去　047

活用形　〈語幹＋語尾〉で作ります。

語幹：現在形 nous の活用語尾 -ons をとったつづり字。*être は ét です。

語尾：-ais　-ais　-ait　-ions　-iez　-aient

（nous fais~~ons~~）	faire　する		être　～である	
	je fais**ais**	nous fais**ions**	j'*étais*	nous *étions*
	tu fais**ais**	vous fais**iez**	tu *étais*	vous *étiez*
	il fais**ait**	ils fais**aient**	il *était*	ils *étaient*
	elle fais**ait**	elles fais**aient**	elle *était*	elles *étaient*

用法

(1) 過去の習慣、過去の継続的な行為や事柄を現在と対比して伝えます。

Maintenant, j'habite à Tokyo, mais avant, j'**habitais** à Kyoto.

私は今、東京に住んでいますが、以前は京都に住んでいました。

Elle **allait** souvent à la mer quand elle **était** petite.　彼女は小さい頃、よく海に行きました。

(2) 複合過去で表される過去の出来事の背景、状況を伝えます。

Nous *avons rencontré* Thomas quand nous **faisions** les courses.

私たちは買い物をしているとき、トマに出会った。

[Ⅰ] 日本語の文 (1)～(5) には、対応するフランス語の文が記されています。（　　）内に入れるのにもっとも適切なものを、①～③のなかから1つずつ選んでください。

(1) 私たちは去年、卒業しました。

　　Nous (　　　) nos études l'année dernière.

　　① finirons　　　　　② avons fini　　　　　③ finissons

(2) 彼らは子どもの頃、外で遊んでいた。

　　Ils (　　) dehors dans leur enfance.

　　① jouaient　　　　　② jouiez　　　　　③ jouions

(3) レアは夏休みによく私たちの家に来ていました。

　　Léa (　　) souvent chez nous pendant les vacances d'été.

　　① viendra　　　　　② vient　　　　　③ venait

(4) 私の娘と息子はこの町で生まれました。

　　Ma fille et mon fils (　　) dans cette ville.

　　① est née　　　　　② sont nés　　　　　③ sont nées

(5) 父親が帰宅したとき、私はテレビを見ていました。

　　Je (　　) la télé quand mon père est rentré.

　　① regardais　　　　　② regardions　　　　　③ regardaient

[Ⅱ] 日本語の文 (1)～(5) には、対応するフランス語の文が記されています。（　　）内に入れるのにもっとも適切なものを、①～③のなかから1つずつ選んでください。

(1) ピエールは、以前、よく本を読んでいた。

　　Avant, Pierre (　　) beaucoup.

　　① lisais　　　　　② lisaient　　　　　③ lisait

(2) フランス人の友人が1週間前に日本に到着した。

　　Mes amis français (　　) au Japon il y a une semaine.

　　① est arrivé　　　　　② sommes arrivées　　　　　③ sont arrivés

(3) きのう、君は何時に寝た？

　　Hier, tu (　　) à quelle heure ?

　　① s'est couché　　　　　② t'es couché　　　　　③ me suis couché

(4) 私たちは学生だったときイタリアを訪れた。

　　Nous avons visité l'Italie quand nous (　　) étudiants.

　　① serons　　　　　② étions　　　　　③ sommes

(5) きょうはいい天気だが、きのうは天気が悪かった。

　　Aujourd'hui, il fait beau, mais hier, il (　　) mauvais.

　　① faisait　　　　　② faisais　　　　　③ faisaient

Leçon 8　構文

比較級　最上級　強調構文　注意する語順

　文法で学習した知識が正しい文を作ることにつながります。構文だけでなく、形容詞の位置、否定文や代名詞を用いたときの語順などをしっかりおさえておきましょう。🔊048

Louise est plus grande que Camille.　ルイーズはカミーユよりも背が高い。

Louise est aussi grande que toi.　ルイーズはあなたと同じくらい背が高い。

Camille est moins grande que Louise.　カミーユはルイーズよりは背が高くない。

Ce restaurant est meilleur que l'autre（restaurant）.　このレストランはもう一つのよりおいしい。

Alice chante mieux que ses camarades.　アリスは彼女の仲間よりもじょうずに歌う。

Louis va au cinéma plus souvent que Paul.　ルイはポールよりも頻繁に映画に行く。

Louis va au cinéma aussi souvent que moi.　ルイはぼくと同じくらい頻繁に映画に行く。

Paul va au cinéma moins souvent que Louis.　ポールはルイよりは頻繁に映画に行かない。

Tokyo est la plus grande ville du Japon.　東京は日本でもっとも大きな都市である。

C'est le meilleur restaurant de ce quartier.　この界隈で一番おいしいレストランです。

C'est Émilie qui fait le mieux la cuisine.　一番じょうずに料理を作るのはエミリです。

単 語 と 表 現

C'est la même chose.　同じことです。

autant que ~　～と同じくらいに

comme ~　～のように

autant de ~　同じくらいの～ [数量]

G r a m m a i r e

1 比較級 🔊 049

形容詞・副詞の比較級

$$A \begin{cases} \textbf{plus} \\ \textbf{aussi} \quad \text{形容詞・副詞} \\ \textbf{moins} \end{cases} \textbf{que} \quad B$$

:A は B よりも多く～

:A は B と同じくらい～

:A は B よりも少なく～

特殊な優等比較級

形容詞 bon : **meilleur**(e)(s) [~~plus bon(ne)(s)~~]　　副詞 bien : **mieux** [~~plus bien~~]

名詞の比較級　plus de (d') / autant de (d') / moins de (d') + 名詞

　　Marie a **autant de** livres japonais que Léo.　マリはレオと同じくらい日本の本を持っている。

動詞の表す程度の比較級　plus que / autant que / moins que

　　Paul boit **autant que** Pierre.　ポールはピエールと同じくらいお酒を飲みます。

2 最上級 🔊 050

形容詞・副詞の最上級

$$\begin{matrix} \text{le} \\ \text{la} \\ \text{les} \end{matrix} \begin{matrix} \textbf{plus} \\ \\ \textbf{moins} \end{matrix} \quad \text{形容詞 de…}$$

:…のなかでもっとも多く～

:…のなかでもっとも少なく～

$$\begin{matrix} \text{le} \\ \\ \end{matrix} \begin{matrix} \textbf{plus} \\ \\ \textbf{moins} \end{matrix} \quad \text{副詞 de…}$$

:…のなかでもっとも多く～

:…のなかでもっとも少なく～

　形容詞の最上級では、定冠詞は形容詞が修飾する**名詞の性・数に一致**します。

　　Cette chanson est **la plus** belle de ses chansons.　この歌は彼（女）の歌のなかで一番美しい。

　　Ces exercices sont **les moins** difficiles de cette leçon.

　　これらの練習問題はこの課のなかで一番むずかしくない。

　副詞の最上級では、定冠詞は常に **le** になります。

　　Ma mère se lève **le plus** tôt de la famille.　母が家族のなかで一番早く起きます。

3 強調構文 🔊 051

c'est 主語 **qui** 動詞

　　C'est Thomas **qui** travaille avec nous.　私たちと一緒に仕事をしているのはトマです。

c'est 主語以外 **que** (**qu'**) 主語 + 動詞

　　C'est avec ses amis **qu'**il vient au Japon.　彼が日本に来るのは彼の友人と一緒にです。

4　注意する語順　🔊052

(1) 形容詞の位置

原則、形容詞は名詞のあとに置きますが、beau, petit, bon などは名詞の前です。

Voilà une **belle** voiture **allemande**.　ほら、ドイツ製のすてきな車だ。

(2) 近接未来、近接過去

Nous **allons commencer** le travail.　私たちはこれから仕事を始めます。

Ils **viennent de rentrer** au Japon.　彼らは日本に帰国したところです。

(3) 不定詞をとる動詞

Les enfants **veulent jouer** dans le jardin.　子どもたちは公園で遊びたい。

(4) 複合過去

Nous **avons voyagé** aux États-Unis cet été.　私たちはこの夏、アメリカ合衆国を旅した。

Ils **sont partis** en vacances avec leurs enfants.　彼らは子どもたちとバカンスに出発した。

Elles **se sont couchées** tard hier soir.　彼女たちは昨晩、遅く寝ました。

(5) 直接目的語と間接目的語人称代名詞の位置

Tu peux **nous** attendre devant le cinéma ?　映画館の前で私たちを待ってもらえる？

Ce sac noir **me** plaît beaucoup.　この黒のバッグが私は気に入っています。

(6) 否定文

否定文は活用している動詞（前置された再帰代名詞や目的語の代名詞も含めて）を ne と pas ではさみます。

Vous **ne** devez **pas** dormir dans la classe.　あなた方は教室で眠ってはいけません。

Je **n'**ai **pas** encore fini mon travail.　私はまだ自分の仕事を終えていません。

Ils **ne** se sont **pas** levés à 7 heures.　彼らは 7 時に起きなかった。

Tu **ne** me téléphoneras **pas** avant midi.　お昼までは私に電話しないで。

(7) 否定の表現

ne ~ plus : もう～でない

Elle **ne** travaille **plus** dans ce magasin.　彼女はもうこの店で働いていない。

ne ~ que… : …しか～ない

Elle **ne** mange **que** des légumes.　彼女は野菜しか食べない。

ne ~ jamais : 決して～ない、一度も～ない

Ils **ne** sont **jamais** allés en France.　彼らは一度もフランスに行ったことがありません。

(8) 熟語、成句

avoir l'air + 形容詞 : ～のように見える

Il **a l'air** très **content**.　彼はとてもうれしそうだ。

avoir besoin de ~ : ～が必要である

Nous **avons besoin de** ce dictionnaire.　私たちはこの辞書が必要です。

avoir envie de ~ : ～が欲しい、したい

Elle **a envie de** sortir ce week-end.　彼女はこの週末、出かけたい。

[Ⅰ]　(1)〜(5) において、それぞれ①〜④ をすべて用いて文を完成したときに、(　　) 内に入るものを答えてください。

(1)　C'est Louis ____ ____ (　　) ____.

① danse　　　　　② le　　　　　③ qui　　　　　④ mieux

(2)　Ils ____ ____ (　　) ____ la plage.

① sur　　　　　② promenés　　　　　③ sont　　　　　④ se

(3)　Je ____ ____ (　　) ____ en haut de la tour Eiffel.

① monté　　　　　② suis　　　　　③ jamais　　　　　④ ne

(4)　Elle a ____ ____ (　　) ____.

① de　　　　　② pâtissière　　　　　③ devenir　　　　　④ envie

(5)　Ils sont ____ ____ (　　) ____.

① vous　　　　　② gentils　　　　　③ aussi　　　　　④ que

[Ⅱ]　(1)〜(5) において、それぞれ①〜④ をすべて用いて文を完成したときに、(　　) 内に入るものを答えてください。なお、①〜④ では文頭にくるものも小文字にしてあります。

(1)　Je ____ ____ (　　) ____.

① blanche　　　　　② cette　　　　　③ choisis　　　　　④ robe

(2)　Nous ____ ____ (　　) ____ devoirs.

① de　　　　　② nos　　　　　③ finir　　　　　④ venons

(3)　Mes amis ne ____ ____ (　　) ____ midi.

① arriver　　　　　② pas　　　　　③ avant　　　　　④ peuvent

(4)　Ce ____ ____ (　　) ____ l'autre.

① est　　　　　② que　　　　　③ vin　　　　　④ meilleur

(5)　____ ____ (　　) ____ à la gare ?

① nous　　　　　② attendre　　　　　③ peux　　　　　④ tu

会話文の読解と聞き取り

Exercices

　読解も聞き取りも、会話の内容を読みとることが問われます。選択肢の文をはじめに読んでおくと、話題や状況、対話者の関係などがある程度わかり、会話の内容が理解しやすくなります。

［Ⅰ］（読解）次の会話を読み、下の (1)〜(6) について、会話の内容に一致する場合は ① を、一致しない場合は ② を記入してください。

Pierre　：　Qu'est-ce que tu vas faire dimanche ?

Céline　：　Je vais visiter le musée de l'histoire allemande.

　　　　　　Le mois dernier, je l'ai visité pour la première fois.

　　　　　　C'était intéressant, mais je n'ai pas eu assez de temps pour tout voir.

　　　　　　Si tu es libre dimanche, tu veux venir avec moi ?

Pierre　：　Bonne idée ! On y va comment ?

Céline　：　Avec ta voiture ?

Pierre　：　Pas de problème.

Céline　：　Très bien. Alors, tu pourras venir me prendre chez moi

　　　　　　vers neuf heures ?

Pierre　：　D'accord. Bon, à dimanche.

Céline　：　À dimanche.

(1) セリーヌは日曜日にドイツ歴史博物館に行くつもりである。

(2) セリーヌは先週、ドイツ歴史博物館に行った。

(3) セリーヌはドイツ歴史博物館がおもしろいと思った。

(4) セリーヌは前回、ゆっくり見学できたが、また行きたくなった。

(5) セリーヌは自分の車でピエールと一緒にドイツ歴史博物館に行く。

(6) セリーヌはピエールを迎えに行く。

　　(1) ＿＿　(2) ＿＿　(3) ＿＿　(4) ＿＿　(5) ＿＿　(6) ＿＿

［Ⅱ］（聞き取り）トマとカミーユの会話を 3 回聞いてください。次の (1)〜(5) について、会話の内容に一致する場合は ① を、一致しない場合は ② を記入してください。🔊053

(1) カミーユは 8 月にバカンスに出発する。

(2) カミーユはひとりでバカンスに出発する。

(3) カミーユは 3 週間バカンスを過ごす。

(4) カミーユの両親は海の近くに住んでいる。

(5) カミーユは列車を使ってバカンスに出かける。

　　(1) ＿＿　(2) ＿＿　(3) ＿＿　(4) ＿＿　(5) ＿＿

［Ⅲ］（読解）次の会話を読み、下の (1)〜(6) について、会話の内容に一致する場合は ① を、一致しない場合は ② を記入してください。

Mme Martin ： Tu sais, ma fille est au Japon maintenant.

Mme Dupont ： Depuis quand ?

Mme Martin ： Depuis trois semaines.

Mme Dupont ： Qu'est-ce qu'elle fait là-bas ?

Mme Martin ： Elle étudie à l'université. Elle s'intéresse à la peinture*
japonaise du 19ème siècle.

Mme Dupont ： Elle va y rester longtemps ?

Mme Martin ： Elle pense rentrer en France dans un an et elle veut
finir ses études à Paris.

Mme Dupont ： Tu as de ses nouvelles ?

Mme Martin ： Oui. Elle est très contente d'habiter au Japon. Elle va souvent
aux musées voir les tableaux qu'elle aime.

Mme Dupont ： Ah, c'est très bien.

*peinture : 絵画

（1）マルタン夫人の娘は 3 週間前から日本にいる。

（2）マルタン夫人の娘は日本の現代美術に興味がある。

（3）マルタン夫人の娘は日本に数ヶ月滞在したいと思っている。

（4）マルタン夫人の娘は日本の大学を卒業したいと考えている。

（5）マルタン夫人の娘は日本の暮らしに満足している。

（6）マルタン夫人の娘はよく美術館に行き、好きな絵を見ている。

(1) ____ (2) ____ (3) ____ (4) ____ (5) ____ (6) ____

［Ⅳ］（聞き取り）ユゴとリュシの会話を 3 回聞いてください。次の (1)〜(5) について、会話の内容に一致する場合は ① を、一致しない場合は ② を記入してください。🔊054

（1）リュシは大学の講義が終わったところである。

（2）リュシはこれからカフェに行く。

（3）ユゴはリュシの誘いを断る。

（4）ユゴは夜、働いている。

（5）ユゴは映画館で働いている。

(1) ____ (2) ____ (3) ____ (4) ____ (5) ____

Exercices／会話文の読解と聞き取り　解答と解説

Leçon 1

［Ⅰ］（1）③ Vous voulez (de l') eau ？　水をいかがですか。

＊飲み物を量でとらえ、部分冠詞を用いる。

（2）② Je ne veux pas (de) viande.　私、肉は欲しくない。

＊直接目的語の部分冠詞は否定文では否定の冠詞 de になる。

（3）④ Voilà (la) maison de monsieur Renoir.　ほら、ルノワール氏の家です。

＊特定されたルノワール氏の家なので定冠詞を用いる。

（4）① Je vais prendre un gâteau (au) chocolat.　チョコレートケーキを１つ買います。

＊前置詞 à「〜の入った」と le chocolat の定冠詞 le が縮約されて au になる。

［Ⅱ］（1）③ Le restaurant est (sur) votre droite.　レストランはあなたの右手にあります。

（2）③ Qu'est-ce que tu vas faire (pendant) les vacances ？　バカンスの間、何をするの？

（3）③ Je prends mon café (sans) sucre.　私は砂糖なしでコーヒーを飲みます。

（4）③ Il va en France (pour) étudier.　彼は勉強するためにフランスに行きます。

（5）② Il y a du monde (devant) le magasin.　お店の前にたくさんの人がいます。

（6）② Elle vient au Japon (en) avion.　彼女は飛行機で日本に来ます。

Leçon 2

［Ⅰ］　読まれる質問と訳

（1）Qu'est-ce que vous prenez comme boisson ？　飲み物は何を取りますか。① 赤ワインのボトルを１本。

（2）Tu pars en vacances ？　バカンスに出発するの？① はい、海へ。

（3）Quand est-ce que tu arrives ？　いつ着くの？② この日曜日に。

（4）Comment trouvez-vous cette jupe ？　このスカートをどう思います？① それはとてもすてきです。

＊ trouver A B：A を B だと思う

（5）Paul joue du piano ？　ポールはピアノを弾きますか。① はい、でもあまり上手ではありません。

［Ⅱ］　読まれる質問と訳

（1）Comment allez-vous à Paris ？　パリにはどうやって行きますか。② 車で行きます。

（2）Tu n'aimes pas les chiens ？　君、イヌは好きではないの？① いいえ、とても（好きです）。

（3）Qu'est-ce qu'elle a, Sophie ？　ソフィはどうしたの？② 彼女は病気です。

（4）Quelle saison aimez-vous ？　どの季節が好きですか。① 春です。

（5）Où travaillez-vous ？　どこで働いていますか。① レストランで。

Leçon 3

［Ⅰ］（1）③ 原形 mettre

＊ton chapeau の所有形容詞から tu を用いて話しているので、命令形は tu の活用形 mets になる。

（2）① 原形 conduire

（3）③ 原形は代名動詞の s'habiller

＊代名動詞の命令形は動詞のあとに再帰代名詞を置く。この文では再帰代名詞が vous なので vous の活用形 habillez になる。

（4）③ 原形 boire

（5）③ 原形 offrir

［Ⅱ］（1）A：あなた方はどちらからいらしていますか。B：③私たちは日本から来ています。A：ああ、あなた方は日本の方ですね。

（2）A：私は両親の家で１週間を過ごすの。B：②ああそうなの。両親、お元気？ A：とても元気

よ。彼らはもうすぐ70歳になるの。

Leçon 4

[I] (1) ③ Oui, je (l') ai dans ma veste. 君のパスポートもった？ —うん、ジャケットの中にあるよ。

(2) ③ Non, mais je (leur) téléphone. あなたはよく両親に会いますか。 —いいえ、でも彼らに電話しています。

(3) ① Oui, c'est (lui). あちらはルノワールさんですか。—はい、彼です。

(4) ③ Non, (eux), ils travaillent dans un grand magasin. トマとピエールもパティシエですか。 —いいえ、彼ら、彼らはデパートで働いています。

(5) ② Oui, je vais (la) voir cet après-midi. 君はナタリに会う？ —ええ、今日の午後、彼女に会うわ。

[II] (1) ② Ah bon, qu'est-ce que tu vas (lui) offrir？ 明日は母のお誕生日なの。 —ああそう、何を彼女に贈るの？

(2) ① Oui, c'est (moi). もしもし、ジュリアン？ —はい、ぼくです。

(3) ③ Ce sont des photos de mon voyage. Je vais (te) les montrer. これは何なの？ —ぼくの旅行写真だ。君にそれらを見せるよ。

(4) ① Ah, tu ne (le) connais pas？ あちらは誰ですか。—あら、彼を知らないの？ リュシのお父さんです。

(5) ① À quelle heure est-ce que tu as rendez-vous avec (lui)？ 熱がある。医者に診てもらう。 —何時に彼に予約を入れているの？

Leçon 5

[I] (1) ② rester 単純未来

(2) ③ 近接未来〈aller＋不定詞〉なのでaccompagner

(3) ③ aller 単純未来

(4) ③ faire 単純未来

(5) ② prendre 単純未来＊2 人称で用いると軽い命令のニュアンスになる。

[II] 読まれる文と訳

(1) (59) Mon père a cinquante-neuf ans. 私の父は59歳です。

(2) (42) Ils travaillent quarante-deux heures par semaine. 彼らは週42時間働いています。

(3) (28) Nous sommes le vingt-huit. 28日です。

(4) (61) Ça fait soixante-et-un euros. 61ユーロになります。

(5) (35) Il y a trente-cinq étudiants dans mon cours. 私の講義には学生が35人います。

(6) (94) Son adresse, c'est quatre-vingt-quatorze, rue des Écoles. 彼（女）の住所はエコール通り94番地です。

(7) (83) Votre chambre, c'est la quatre-vingt-trois. あなたのお部屋は83号室です。

(8) (77) Ouvrez votre livre à la page soixante-dix-sept. 教科書の77ページを開けてください。

Leçon 6

[I] (1) ① Non, c'est (celui) de mon frère. 君の自転車？ —いいえ、ぼくの兄（弟）のものだ。

(2) ① Oui, j'(en) veux un peu, s'il te plaît. もっとコーヒーいる？ —ええ、少し欲しいわ、お願い。

(3) ③ Oui, mais je peux (la) porter toute seule. 君のスーツケース、重たいの？ —ええ、でもひとりで持てるわ。

(4) ② Alors, dis-(lui) bonjour. マリと会う約束しているの。 —それじゃ、彼女によろしく言って。

(5) ③ Nous (y) allons au mois d'avril. 君たちはいつアメリカ合衆国に行きますか。 —ぼくたちは（そこへ）4月に行きます。

[II] (1) ② Si, ils (en) ont trois. アメリとトマには子どもはいないの？ —いいえ、3人います。

(2) ② J'(y) vais en voiture. ぼくの家にどうやって来る？ —（そこには）車で行くよ。

(3) ③ Non, ce sont (celles) de ma sœur. これはあなたの靴ですか。 —いいえ、私の姉（妹）のものです。

(4) ② Oui. Je vais (les) voir dimanche. 君のおじい
ちゃん、おばあちゃんは元気かい？ ―はい。日曜日に彼
らに会いに行くの。

(5) ③ Oui. Je (te) la donne. 君、メールアドレスあ
る？ ―うん。君にそれ、教えるよ。

Leçon 7

[Ⅰ] (1) ② finir 複合過去 ＊去年の出来事

(2) ① jouer 半過去 ＊かつての事柄

(3) ③ venir 半過去 ＊かつての事柄

(4) ② naître 複合過去 ＊主語は男女混合なので
過去分詞には複数の s だけつける

(5) ① regarder 半過去 ＊父が帰宅したときの状
況

[Ⅱ] (1) ③ lire 半過去 ＊かつての事柄

(2) ③ arriver 複合過去 ＊主語は男性複数

(3) ② se coucher 複合過去 ＊再帰代名詞は主語
に合わせて t' (te)

(4) ② être 半過去 ＊訪れたときの状況

(5) ① faire 半過去 ＊きょうと対比したきのう
の状況

Leçon 8

[Ⅰ] (1) ② C'est Louis qui danse (le) mieux.
もっとも上手に踊るのはルイです。

(2) ② Ils se sont (promenés) sur la plage. 彼らは浜
辺を散歩しました。

(3) ③ Je ne suis (jamais) monté en haut de la tour
Eiffel. 私はエッフェル塔の上に一度も登ったことがあり
ません。

(4) ③ Elle a envie de (devenir) pâtissière. 彼女はパ
ティシエになりたい。

(5) ④ Ils sont aussi gentils (que) vous. 彼らはあな
た (方) と同じくらい親切です。

[Ⅱ] ④ (1) Je choisis cette (robe) blanche. 私は
この白いドレスを選びます。

(2) ③ Nous venons de (finir) nos devoirs. 私たちは
宿題を終えたところです。

(3) ① Mes amis ne peuvent pas (arriver) avant midi.
私の友人は昼までに到着できません。

(4) ④ Ce vin est (meilleur) que l'autre. このワイン
はもう一つのもの (ワイン) よりおいしい。

(5) ① Tu peux (nous) attendre à la gare ? 君は私た
ちを駅で待ってくれる？

会話文の読解と聞き取り

[Ⅰ] (1) ① ピエールから日曜日にすることを
聞かれ、セリーヌは Je vais visiter le musée de l'histoire
allemande. 「ドイツ歴史博物館を訪れるの」と答
えている。

(2) ② セリーヌは Le mois dernier, je l'ai visité pour
la première fois. 「先月、はじめてそれ（ドイツ歴史
博物館）を訪れた」と言っている。

(3) ① セリーヌは C'était intéressant 「おもし
かった」と言っている。

(4) ② je n'ai pas eu assez de temps pour tout voir. 「す
べて見られる充分な時間がなかった」と言ってい
る。

(5) ② どうやって博物館に行くかについて、
Avec ta voiture ?「あなたの車でどう？」と尋ねる
セリーヌにピエールが Pas de problème.「問題ない
よ」と答えており、2 人はピエールの車で行くこ
とがわかる。

(6) ② セリーヌから Alors, tu pourras venir me
prendre chez moi vers neuf heures ?「じゃあ、9 時頃
私の家に私を迎えに来られる？」と聞かれ、ピ
エールは D'accord.「いいよ」と答えている。

[Ⅱ] 読まれる会話文

Thomas : Quand est-ce que tu pars en vacances ?

Camille : Je pars au mois de juillet avec Paul. Nous allons
passer deux semaines chez mes parents. Ils habitent dans
une maison près de la mer.

Thomas : Vous partez en voiture ?

Camille : Non, nous prenons le train.

Thomas : Alors, bonnes vacances !

Camille : Toi aussi.

（1）② トマからいつバカンスに出かけるかを尋ねられたカミーユは Je pars au mois de juillet avec Paul.「私はポールと 7 月に（バカンスに）出かけるの」と答えている。

（2）②「ポールと一緒に」と言っている。

（3）② カミーユは Nous allons passer deux semaines chez mes parents.「私たちは私の両親の家で 2 週間過ごすの」と言っている。

（4）① セリーヌが Ils habitent dans une maison près de la mer.「彼らは海に近い家に住んでいるの」と言っている。

（5）① トマが車で出かけるのかと尋ねると Non, nous prenons le train.「いいえ、列車に乗るわ」と答えている。

［Ⅲ］　（1）① Depuis trois semaines.「3 週間前から」

（2）② Elle s'intéresse à la peinture japonaise du 19ᵉᵐᵉ siècle.「彼女は 19 世紀の日本美術に興味がある」

（3）② Elle pense rentrer en France dans un an「彼女は 1 年後にフランスに戻ろうと思っている」

（4）② elle veut finir ses études à Paris「彼女はパリで学業を終えたい（卒業したい）」

（5）① Elle est très contente d'habiter au Japon.「彼女は日本に住めてとても満足している」

（6）① Elle va souvent aux musées voir les tableaux qu'elle aime.「彼女はしばしば、彼女の好きな絵を見に美術館に行っている」

［Ⅳ］　読まれる会話文

Hugo : Salut, Lucie.

Lucie : Salut. Je viens de finir mes examens.

Hugo : Ah, c'est très bien !

Lucie : Maintenant, je vais voir un film. Tu veux venir avec moi ?

Hugo : C'est gentil, mais je ne peux pas. Le soir, je travaille dans un restaurant.

Lucie : Dommage !

（1）② Je viens de finir mes examens.「私は試験が終わったところです」と言っている。

（2）② Maintenant, je vais voir un film.「今から映画を見に行くの」と言っている。

（3）① リュシから Tu veux venir avec moi ?「私と一緒に来る？」と誘われ、ユゴは C'est gentil, mais je ne peux pas.「親切にどうも、でも行けない」と答えている。

（4）① ユゴが Le soir, je travaille dans un restaurant.「夜、レストランで働いているんだ」と答えている。

（5）② ユゴが働いているのはレストラン。

仏検4級模擬試験

1 次の (1)～(4) の (　　) 内に入れるのにもっとも適切なものを、下の ①～⑥ のなかから1つずつ選
び、解答欄にその番号を書いてください。ただし、同じものを複数回用いることはできません。（配点8）

(1) Elle veut acheter (　　) sac noir.

(2) Tu as (　　) chance !

(3) Vous allez (　　) États-Unis ?

(4) (　　) frères de Marie ne sont pas en France.

① au	② aux	③ de la
④ des	⑤ les	⑥ un

2 次の対話 (1)～(5) の (　　) 内に入れるのにもっとも適切なものを、それぞれ ①～③ のなかから1
つずつ選び、解答欄にその番号を書いてください。（配点10）

(1) — C'est ton dictionnaire ?

　　 — Non, c'est (　　) de Pierre.

① celle	② celui	③ ceux

(2) — Je prendrai des pommes de terre.

　　 — Vous (　　) voulez combien ?

① en	② les	③ me

(3) — Tu as nos billets ?

　　 — Oui, je (　　) ai.

① le	② l'	③ les

(4) — C'est un bel appartement !

　　 — Il (　　) plaît, monsieur ?

① eux	② nous	③ vous

(5) — Vous aimez ce restaurant ?

　　 — Oui. On (　　) déjeune souvent à midi.

① en	② le	③ y

3 次の (1)〜(4) の A と B の対話を完成させてください。B の下線部に入れるのにもっとも適切なものを、それぞれ ①〜③ のなかから 1 つずつ選び、解答欄にその番号を書いてください。(配点 8)

(1) A : Tu es libre samedi ?

   B : _____

   A : Et samedi prochain ?

   ① Oui, pourquoi ?

   ② Non, j'ai rendez-vous avec Sophie.

   ③ Oui, je suis heureux.

(2) A : Je peux inviter des amis à mon anniversaire ?

   B : _____

   A : Julien, Alex et Louise.

   ① Qu'est-ce que c'est ?

   ② Bien sûr. Qui est-ce que tu veux inviter ?

   ③ D'accord. Ils arrivent vers quelle heure ?

(3) A : Vous cherchez quelque chose, madame ?

   B : _____

   A : C'est au deuxième étage.

   ① Je ne trouve pas ma fille.

   ② Non, pas encore.

   ③ Les vêtements pour enfants.

(4) A : J'ai réservé une table.

   B : _____

   A : Monsieur Martin.

   ① C'est à quelle heure ?

   ② C'est à qui ?

   ③ C'est à quel nom ?

4 次の日本語の文 (1)〜(5) の下には、それぞれ対応するフランス語の文が記されています。(   ) 内に入れるのにもっとも適切なものを、それぞれ ①〜③ のなかから 1 つずつ選び、解答欄にその番号を書いてください。(配点 10)

(1) 明日は寒くなります。

   Demain, il (   ) froid.

   ① ferai   ② feront   ③ fera

(2) 小さい頃、彼らは家族でよく山に行きました。

   Dans leur enfance, ils (   ) souvent à la montagne en famille.

   ① allaient   ② allait   ③ allais

(3) あなたは運転がじょうずですね。

   Vous (   ) bien !

   ① conduis   ② conduisent   ③ conduisez

(4) 雨が降りそうよ。レオ、傘を持っていきなさい。

   Il va pleuvoir. Léo, (   ) ton parapluie.

   ① prenez   ② prends   ③ prenons

(5) ポールと私、私たちは東京駅で降りた。

Paul et moi, nous （　　　） à la gare de Tokyo.

① sont descendus   ② sommes descendues   ③ sommes descendus

5 例にならい、次の (1)～(5) において、それぞれ①～④をすべて用いて文を完成したときに、（　　　）内に入るのはどれですか。①～④のなかから 1 つずつ選び、解答欄にその番号を書いてください。なお、①～④では、文頭にくるものも小文字にしてあります。(配点 10)

例：Il ＿＿＿ ＿＿＿ （　　　） ＿＿＿ .

     ① a   ② content   ③ l'air   ④ très

     Il ＿a＿ ＿l'air＿ （très） content.
         ①   ③   ④   ②

     となり、①③④②の順なので、（　　　）に入るのは④。

(1) C'est ＿＿＿ ＿＿＿ （　　　） ＿＿＿ .

     ① belle   ② la   ③ photo   ④ plus

(2) Elle ＿＿＿ ＿＿＿ （　　　） ＿＿＿ bureau.

     ① du   ② de   ③ rentrer   ④ vient

(3) Les enfants ne ＿＿＿ ＿＿＿ （　　　） ＿＿＿ la maison.

     ① à   ② rester   ③ pas   ④ veulent

(4) Je ＿＿＿ ＿＿＿ （　　　） ＿＿＿ .

     ① levé   ② me   ③ suis   ④ tôt

(5) ＿＿＿ ＿＿＿ （　　　） ＿＿＿ vers 17 heures ?

     ① téléphoner   ② me   ③ pouvez   ④ vous

6 次の (1)～(4) の（　　　）内に入れるのにもっとも適切なものを、それぞれ①～③のなかから 1 つずつ選び、解答欄にその番号を書いてください。(配点 8)

(1) Nous prenons des vacances （　　　） juillet.

     ① à   ② dans   ③ en

(2) La banque est （　　　） votre gauche.

     ① de   ② pour   ③ sur

(3) Le bureau est fermé （　　　） le 3 et le 6 mai.

     ① depuis   ② entre   ③ pendant

(4) Elle travaille 5 jours （　　　） semaine.

     ① par   ② sans   ③ sous

7 次の (1)～(6) にもっともふさわしい絵を、右の①～⑨のなかから 1 つずつ選び、解答欄にその番号を書いてください。(配点 6)

(1) Louise entre dans la classe.

(2) Louise ouvre la fenêtre.

(3) Louise reçoit un cadeau.

(4) Louise sert son ami.

(5) Louise se couche tard.

(6) Louise boit du lait.

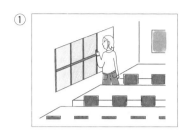  

8　次の会話を読み、(1)～(6) について、会話の内容に一致する場合は、解答欄に ① を、一致しない場合は ② を書いてください。(配点 6)

Émilie　：　La soirée chez Jean, ça commence à quelle heure ?

Thomas：　À 18 heures.

Émilie　：　On n'a pas beaucoup de temps ! Tu connais sa nouvelle adresse ?

Thomas：　Oui, je la connais, mais je ne suis jamais allé chez lui.

Émilie　：　Oh là là ! Il est tard, dépêchons-nous !

　　　　　　On y va en voiture ?

Thomas：　Non, on prend le métro. Son appartement est près de la station, je crois.

Émilie　：　D'accord. N'oublie pas le cadeau qu'on a acheté hier pour lui.

Thomas：　Je l'ai déjà mis dans mon sac.

（1）　ジャンのマンションでパーティがある。

（2）　トマとエミリはパーティが始まるまで時間の余裕がある。

（3）　トマはジャンの新しいマンションに行ったことがある。

（4）　トマとエミリは車でジャンのマンションに行く。

（5）　ジャンのマンションは地下鉄の駅に近い。

（6）　トマとエミリはジャンへのプレゼントを買ってからパーティに行く。

聞き取り試験 (メモは自由にとってかまいません)

1・フランス語の文 (1)〜(4) を、それぞれ 3 回ずつ聞いてください。
・それぞれの文にもっともふさわしい絵を、下の ①〜⑥ のなかから 1 つずつ選び、解答欄にその番号を書いてください。ただし、同じものを複数回用いることはできません。(配点 8) 🔊 055

①  ②  ③

④  ⑤  ⑥

2・フランス語の質問 (1)〜(4) を、それぞれ 3 回ずつ聞いてください。
・(1)〜(4) の質問に対する応答として適切なものを、それぞれ ①、② から選び、解答欄に書いてください。(配点 8) 🔊 056
(1) ① Oui, j'en ai un.
    ② Oui, j'en ai une.
(2) ① Oui, je fais du tennis.
    ② Oui, je fais de la guitare.
(3) ① Cet automne.
    ② Hier.
(4) ① C'est une rose.
    ② Je m'appelle Marie Dubois.

3・フランス語の文 (1)〜(4) を、それぞれ 3 回ずつ聞いてください。
・どの文にもかならず数が含まれています。その数を数字で解答欄に記入してください。(配点8) 🔊 057
(1) _____ (2) _____ (3) _____ (4) _____

4・ユゴとセリーヌの会話を 3 回聞いてください。
・次の (1)〜(5) について、会話の内容に一致する場合は、解答欄に ① を、一致しない場合は ② を書いてください。(配点 10) 🔊 058
(1) 午後 7 時である。
(2) ジュリアンはまだ会社にいる。
(3) ジュリアンは仕事を続けている。
(4) ジュリアンは 20 分後に到着する予定である。
(5) ユゴとセリーヌはジュリアンを待たずに食事を始める。

★ 答案到着後、2週間を目安にご返送します。

仏検 4 級模擬試験解答用紙	学校名	大学・高校　　学部　　年　組　　　先生	
	氏　名		学生番号
得　点		住　所	〒

1 （番号を記入）　　(1) _____　(2) _____　(3) _____　(4) _____

2 （番号を記入）　　(1) _____　(2) _____　(3) _____　(4) _____　(5) _____

3 （番号を記入）　　(1) _____　(2) _____　(3) _____　(4) _____

4 （番号を記入）　　(1) _____　(2) _____　(3) _____　(4) _____　(5) _____

5 （番号を記入）　　(1) _____　(2) _____　(3) _____　(4) _____　(5) _____

6 （番号を記入）　　(1) _____　(2) _____　(3) _____　(4) _____

採点欄

──── 折り目 ────

7 （番号を記入）　　(1) _____　(2) _____　(3) _____

(4) _____　(5) _____　(6) _____

8 （数字を記入）　　(1) _____　(2) _____　(3) _____

(4) _____　(5) _____　(6) _____

聞き取り試験

1 （番号を記入）　　(1) _____　(2) _____　(3) _____　(4) _____

2 （番号を記入）　　(1) _____　(2) _____　(3) _____　(4) _____

3 （数字を記入）　　(1) _____　(2) _____　(3) _____　(4) _____

4 （番号を記入）　　(1) _____　(2) _____　(3) _____　(4) _____　(5) _____

合計

〒

都道
府県

区
市

様

★差出人
　返送希望地の御住所とお名前を、枠内にはっきりとお書き下さい。
　部屋番号も忘れずにお書き下さい。

Ⓒ　　　　Ⓑ

〒101-0052

東京都千代田区神田小川町 3−24

白水社編集部

『ニューエクスプレス４総評英会』係

8４円切手を
お貼り下さい

ふらんす　仏検4級対策号

2021 年 5 月 20 日　印刷
2021 年 6 月 10 日　発行

編　者 © ふ ら ん す 編 集 部
発行者　　及　　川　　直　　志
印刷所　　研 究 社 印 刷 株 式 会 社

101-0052 東京都千代田区神田小川町 3 の 24
電話 03-3291-7811（営業部），7821（編集部）
www.hakusuisha.co.jp
発行所　　　　　　　　　　　　　　　　株式会社　白水社
乱丁・落丁本は送料小社負担にてお取り替えいたします。

振替 00190-5-33228　　Printed in Japan　　　　誠製本株式会社

ISBN 978–4–560–06143-5

ディコ仏和辞典（新装版）

中條屋 進／丸山義博／G.メランベルジェ／吉川一義 [編]

定評ある学習辞典. 語数 35000. カナ発音付. 和仏も充実.
（2色刷）B6変型 1817頁 定価（本体 3700 円＋税）

パスポート初級仏和辞典（第3版）

内藤陽哉／玉田健二／C.レヴィ アルヴァレス [編]

超ビギナー向け, いたれりつくせりの入門.
辞典. 語数 5000. カナ発音付. カット多数.
（2色刷）
B6判 364頁 定価（本体 2600 円＋税）【シングルCD付】

パスポート仏和・和仏小辞典 第2版

内藤陽哉／玉田健二／C.レヴィ アルヴァレス [編]

小さなボディで大活躍！
語数仏和 20000+ 和仏 8000. カナ発音付.
（2色刷）B小型 701頁 定価（本体 2500 円＋税）

入門書

ひとりでも学べるフランス語

中村敦子 [著]　　　　　　　　【音声アプリあり】
丁寧な説明,「わかった！」という実感.
（2色刷）A5判 190頁 定価（本体 2100 円＋税）

フラ語入門、わかりやすいにもホドがある！[改訂新版]

清岡智比古 [著]　楽しく学べる入門書.
（2色刷）A5判 197頁 定価（本体 1600 円＋税）【CD付】

ニューエクスプレスプラス フランス語

東郷雄二 [著]

会話＋文法, 入門書の決定版がパワーアップ.
（2色刷）A5判 159頁 定価（本体 1900 円＋税）【CD付】

発音／リスニング

はじめての声に出すフランス語

高岡優希／ジャン゠ノエル・ポレ／富本ジャニナ [著] 語学の独習は最初が肝心！
A5判 108頁 定価（本体 1800 円＋税）【CD付】

やさしくはじめるフランス語リスニング

大塚陽子／佐藤クリスティーヌ [著]
リスニングのはじめの一歩を【音声アプリあり】
（2色刷）A5判 117頁 定価（本体 2100 円＋税）

問題集

フランス文法はじめての練習帳

中村敦子 [著]　まずはこの一冊をやりきろう！
A5判 186頁 定価（本体 1600 円＋税）

15日間フランス文法おさらい帳

中村敦子 [著]　ドリル式で苦手項目を克服！
A5判 155頁 定価（本体 1800 円＋税）

仏検対策 5級問題集 三訂版

小倉博史／モーリス・ジャケ／舟杉真一 [編著]
A5判 136頁 定価（本体 1800 円＋税）【CD付】

仏検対策 4級問題集 三訂版

小倉博史／モーリス・ジャケ／舟杉真一 [編著]
A5判 147頁 定価（本体 1900 円＋税）【CD付】

単語集／熟語集

《仏検》3・4級必須単語集（新装版）

久松健一 [著] 基礎語彙力養成にも最適！
四六判 234頁 定価（本体 1600 円＋税）【CD付】

例文で覚えるフランス基本単語2600

内藤陽哉／玉田健二／モーリス・ジャケ [著]
四六判 293頁 定価（本体 2400 円＋税）

例文で覚えるフランス語熟語集

モーリス・ジャケ／舟杉真一／中山智子 [著]
四六判 213頁 定価（本体 2000 円＋税）

動詞活用

フランス語動詞活用ドリル虎の穴

岩根 久 [著]
反復練習に特化した, 折って覚えるドリル.
新書判 148頁 定価（本体 1500 円＋税）

徹底整理フランス語　動詞のしくみ

高橋信良／久保田剛史 [著]
基本動詞55の全活用パターンと全音源収録！
A5判 134頁 定価（本体1900 円＋税）【MP3 CD-ROM付】